AF250608

RAPPORT

ADRESSÉ A M. LE GARDE DES SCEAUX HÉBERT

PAR

M. LE PROCUREUR DU ROI BOUCLY

suivi

DU PROCÈS INTENTÉ PAR M. LIBRI

Contre le Gérant du MONITEUR UNIVERSEL

A L'OCCASION DE LA PUBLICATION DE CE RAPPORT,

Et contre le Gérant du NATIONAL

En raison d'un article inséré dans le n° du 5 avril 1848.

PARIS

PANCKOUCKE, RUE DES POITEVINS, 14

1850

RAPPORT

ADRESSÉ A M. LE GARDE DES SCEAUX HÉBERT

PAR

M. LE PROCUREUR DU ROI BOUCLY

suivi

DU PROCÈS INTENTÉ PAR M. LIBRI

Contre le Gérant du MONITEUR UNIVERSEL
A L'OCCASION DE LA PUBLICATION DE CE RAPPORT;

Et contre le Gérant du NATIONAL
En raison d'un article inséré dans le n° du 5 avril 1848.

PARIS

PANCKOUCKE, RUE DES POITEVINS, 14

1850

PARIS. — TYPOGRAPHIE PANCKOUCKE, RUE DES POITEVINS, 8 ET 14.

RAPPORT

ADRESSÉ A M. LE GARDE DES SCEAUX HÉBERT

PAR

M. LE PROCUREUR DU ROI BOUCLY.

Paris, le 4 février 1848.

MONSIEUR LE GARDE DES SCEAUX.

Votre Excellence a eu connaissance de quelques recherches auxquelles je m'étais livré pour constater l'origine de certains volumes précieux qui ont été compris dans une vente aux enchères faite à Paris dans le cours de l'été dernier, et elle m'a demandé des explications à ce sujet. Je vais avoir l'honneur de lui faire connaître l'origine, le but et la nature de ces démarches.

Il y a bientôt deux ans, le 5 février 1846, M. le préfet de police me fit remettre par un de ses secrétaires, une note qui avait été rédigée sous ses yeux, et qui était ainsi conçue :

« M. L.... (*sic*), qui a la réputation d'un bibliomane peu scrupuleux sur les moyens à employer pour se procurer les manuscrits qui lui conviennent, a vendu à la maison de librairie Payne et Foss, de Londres, pour le prix de 7,000 fr., un psautier manuscrit très-curieux, ayant appartenu autrefois à la chartreuse de Grenoble, et qui fut classé dans la bibliothèque de cette ville, où bon nombre d'amateurs l'ont vu. Comment ce manuscrit passa-t-il dans les mains de M. L....? Ce qu'on peut dire, c'est que tout le monde fut surpris de l'en voir possesseur. »

Puis en *post-scriptum* :

« Il y a eu des soustractions semblables à Montpellier, de la part de la même personne. »

Cette note accompagnait une note pseudonyme signée *Henri de Baisne*, qui était parvenue à la préfecture de police, le 3 décembre précédent, et qui dénonçait « au procureur du roi » M. Libri (*sic*), membre de l'Institut, comme étant parvenu à réunir, à l'aide de soustractions commises dans les bibliothèques publiques des villes du Midi, notamment à Carpentras, des livres rares, des manuscrits précieux et des lettres autographes, d'une valeur de 3 à 400,000 francs. On ajoutait que, pour écarter tous soupçons, M. Libri, après avoir gratté les cachets marqués sur ces livres et manuscrits, les « avait artificieusement envoyés en Italie, pour les faire revenir *habillés à l'italienne ;* » et qu'ensuite il les avait vendus en Angleterre. Un seul volume avait été acheté de lui, au prix de 6,000 fr., par le Musée de Londres. Enfin, on lui imputait d'avoir soustrait les lettres de Henri IV à la bibliothèque de l'Arsenal.

La dénonciation était pressante dans ses termes ; les faits étaient généralement connus, disait-on ; mais personne n'osait les révéler ouvertement, parce que M. Libri était « un homme puissant et rusé, qui savait en imposer et se faire craindre. »

En présence de cette lettre et des renseignements que me transmettait spontanément M. le préfet de police, mon devoir était de vérifier, avec tous les ménagements convenables, si véritablement quelque bibliothèque des villes du Midi avait été dépouillée de quelques livres ou de quelques manuscrits. J'écrivis, dans ce but, à mes collègues de Carpentras, de Montpellier et de Grenoble, en prenant soin de taire complétement les imputations dirigées contre M. Libri.

M. le procureur du roi de Carpentras laissa ma lettre sans réponse. Celui de Montpellier m'assura qu'il ne manquait aucun livre ou manuscrits dans les deux bibliothèques de cette ville. Mon collègue de Grenoble, sans affirmer qu'aucun autre manuscrit n'eût été soustrait, me répondit que les psautiers, au nombre de trois, appartenant à la bibliothèque de la ville, s'y trouvaient encore.

Dans ces circonstances, Monsieur le Garde des sceaux, et malgré le résultat incomplet peut-être et incertain encore de ma correspondance, je suspendis mes investigations et ne donnai pas d'autres suites à la communication.

Dix-huit mois plus tard, le 13 juillet 1847, une seconde dénonciation se produisit contre M. Libri ; et, cette fois, elle fut adressée à M. le procureur général près la Cour royale, qui me la transmit, le 17 du même mois, en m'invitant à lui donner les suites que je jugerais convenables.

Cette nouvelle lettre anonyme signalait, comme la première, des soustractions qui auraient été commises par M. Libri dans les bibliothèques Mazarine et de l'Arsenal, à Paris, et dans celles de Carpentras, Troyes, Poitiers, Albi et autres villes du Midi de la France. On répétait que ces vols étaient connus de tout le monde, mais que personne n'osait les divulguer.

Il faut de suite rappeler que, quelques années auparavant, M. Libri avait reçu de M. le Ministre de l'Instruction publique la mission d'inspecter les principales bibliothèques de France. En effet, on lit dans le *Moniteur universel* du 27 septembre 1842 :

« M. Libri, membre de l'Institut, professeur au collége de France et à la Faculté des lettres, un des principaux rédacteurs de la *Revue des deux mondes*, après avoir séjourné pendant plus d'un mois à Lyon, vers la fin de l'année dernière, pour faire l'inventaire des richesses manuscrites que possède notre bibliothèque, poursuit aujourd'hui la mission dont l'avait chargé M. le Ministre de l'Instruction publique : il se rend à Aix pour recueillir les matériaux relatifs aux travaux du catalogue général des manuscrits, dont la rédaction lui a été confiée. »

Négligeant, cette fois encore, de vérifier les faits qui se seraient passés dans les bibliothèques de Paris, et le faisant à dessein, pour que mes investigations ne vinssent pas trop tôt donner crédit à des soupçons peu vraisemblables, je commençai par écrire, au mois de juillet dernier, à MM. les procureurs du roi de Carpentras, Troyes, Albi et Poitiers, pour savoir si les soustractions dénoncées avaient été reconnues dans les bibliothèques de leurs villes, évitant encore de leur faire connaître le but de cette demande.

Cette fois, Monsieur le Garde des sceaux, des renseignements qui ne manquent pas de quelque gravité m'ont été fournis par mes collègues.

A Poitiers, il a été soustrait, dans la bibliothèque publique, une lettre autographe d'Urbain Grandier et quatre chartes, des X⁰, XII⁰ et XIII⁰ siècles.

A Albi, quatre manuscrits en latin, des IX⁰ et X⁰ siècles, ont été prêtés, il y a plusieurs années, par le bibliothécaire, à M. de Rochegude, aujourd'hui décédé, qui a légué sa propre bibliothèque à la ville. Mon collègue a vainement tenté de s'assurer si ces manuscrits étaient encore entre les mains d'une parente de M. Rochegude, qui détient cette bibliothèque comme usufruitière.

De 1840 à 1845, cinq ouvrages de prix, dont les titres m'ont été fournis, ont disparu de la bibliothèque de Troyes. « Ils n'ont pu être pris, dit le bibliothécaire, que par un de ces amateurs de fine trempe, par un de ces visiteurs hardis, opiniâtres, dont la position sociale commande une confiance entière et qui arrivent, munis, sinon d'ordres, du moins de recommandations supérieures. »

Or mon collègue de Troyes m'a envoyé, sur ma demande, la liste des personnes de marque qui ont visité la bibliothèque de cette ville, dans les années contemporaines de la disparition des livres signalés ; et parmi ces personnes figure M. Libri, « qui a visité deux fois les manuscrits très-particulièrement. » Et, suivant un mot qui m'a été rapporté, on dit à Troyes que « la bibliothèque de cette ville offre beaucoup moins d'intérêt aux amateurs depuis que M. Libri l'a visitée. »

M. le procureur du roi de Carpentras a eu des difficultés assez graves à surmonter pour pouvoir me fournir les renseignements que je lui ai demandés par trois lettres successives; la
cause en doit être attribuée aux ménagements que désirait garder le nouveau bibliothécaire de cette ville vis-à-vis de son prédécesseur, vieillard octogénaire, qui peut se trouver impliqué
dans cette affaire.

Il existait en 1840, à la bibliothèque de Carpentras, un livre
fort rare, in-folio, comprenant les *OEuvres de Théocrite et d'Hésiode en grec.* Sur le dernier feuillet recto, on lisait : *Impressum Venetiis* (1) *characteribus ac studio Aldi Manucii Romani,*
MCCCCXCV. Cet exemplaire était *couvert en parchemin,* et
n'avait pas été rogné, ce qui le rendait plus remarquable et
plus précieux M. Ollivier Vitalin, alors bibliothécaire de la
ville, aurait laissé emporter ce livre par M. Libri (on cherche
à expliquer aujourd'hui qu'il aurait été seulement prêté). Toujours est-il que, depuis cette époque, M. Libri ne l'aurait point
restitué, qu'il aurait laissé sans réponse les réclamations qui
lui auraient été adressées à ce sujet, et que seulement, il y a
deux ou trois ans, il aurait envoyé au bibliothécaire, pour
remplacer cet exemplaire si rare, un autre exemplaire du même
ouvrage, *relié en veau, à tranches rognées* et beaucoup moins
précieux que celui qu'il a retenu.

Cet ouvrage n'est pas le seul qui ait disparu, vers le même
temps, de la bibliothèque de Carpentras : il en manque treize
autres, dont la liste m'a été fournie, et parmi lesquels je remarque un livre *in-folio* ayant pour titre *Il Cortegiano di Castiglione.*

Le moment est venu de vous faire connaître, Monsieur le
Garde des sceaux, qu'au mois de juillet dernier, précisément à
l'époque de la seconde dénonciation dont il a été l'objet, M. Libri a fait vendre, à Paris, par le ministère d'un commissaire
priseur, dans une salle de ventes publiques, et sans les avoir
annoncées autrement que sous le titre *anonyme de Bibliothèque de M. L...,* plus de trois mille volumes formant, a dit une
Revue littéraire, le quart à peine de sa bibliothèque. Le produit de cette vente a dépassé 100,000 francs.

A la vacation du 3 août, il a été adjugé, moyennant 635 fr.,
au libraire Payne, qui était venu de Londres, un ouvrage ainsi
désigné, sous le n° 294 du catalogue de sa vente :

*Theocriti et Hesiodi Opera, grœce. Venetiis, impressum
characteribus ac studio Aldi Manucii,* 1495, *in-folio, parch.*
NON ROGNÉ.

Ce livre est, suivant toutes les vraisemblances, celui que

---

(1) On lit *Venelii* dans le *Moniteur universel,* mais par erreur du typographe.

M. Libri a emporté de Carpentras, et qu'il n'a jamais restitué : c'est Théocrite et Hésiode, en grec, en un seul et même volume in-folio. Comme l'ouvrage de Carpentras, c'est une édition aldine, de Venise, de 1495 ; comme cet ouvrage, le livre vendu par M. Libri est *couvert en parchemin ;* comme lui surtout, IL N'EST PAS ROGNÉ. Cette particularité très-rare (relevée bien haut par le catalogue de M. Libri) suffit à elle seule pour rendre bien vraisemblable l'identité de ce volume avec celui qui n'aurait point été restitué à la bibliothèque de Carpentras.

Enfin, suivant le libraire Techener fils (l'une des deux seules personnes domiciliées à Paris, auxquelles j'ai demandé quelques renseignements), M. Tripier, garde des archives de la liste civile, à la seule description qui lui a été faite par M. Techener père, du Théocrite vendu par M. Libri, l'aurait reconnu pour être l'ouvrage même qu'il avait vu et feuilleté, quelques années auparavant, dans la bibliothèque de Carpentras (1).

A la vacation du 30 juillet, il a été vendu un autre ouvrage ainsi désigné sous le n° 2701 du catalogue de la vente : *Il libro del Cortegiano del conte* (3) *Baldesar Castiglione. Venetia, Alde, 1528, in-f°.*

Ce livre, très-vanté par une notice particulière du catalogue, a été adjugé, moyennant 519 fr., au libraire Tillard. Ne serait-ce pas le *Cortegiano di Castiglione,* in-folio, qui a disparu de la bibliothèque de Carpentras ? A cet égard, les moyens de constater l'identité sont moins nombreux que pour le Théocrite. Le titre détaillé et la description extérieure de ce livre n'ont pu être retrouvés dans les catalogues de la bibliothèque de Carpentras ; mais, à la différence du Théocrite, le livre acheté par le libraire Tillard, n'est pas sorti de France ; il pourra être représenté, s'il en est besoin, car il se trouve actuellement dans la bibliothèque d'un amateur domicilié à Lyon, M. Yeménis.

Enfin M. Carteron, employé aux Archives du royaume, qui s'est présenté de lui-même une seconde fois à mon parquet, ajoute qu'il y a plusieurs années M. Libri aurait soustrait des livres dans la bibliothèque de Florence, et que, par suite, l'entrée de la bibliothèque de Milan lui aurait été fermée.

Plusieurs fois déjà les journaux ont fait des allusions aux soupçons qui pèsent sur M. Libri, et qu'on représente comme étant d'une notoriété presque publique.

Dans un article de critique littéraire, le *National* du 6 septembre 1844, voulant parler de M. Libri, le désignait « comme

----

(1) *Voyez* la lettre de M. Techener, insérée dans le *Moniteur universel* du 27 mars 1848, dans la *Presse* du 2 avril, et aux pages 64 et 84 de la *Réponse de M. Libri* au présent Rapport.

(2) Le *Moniteur universel* porte *comte,* par suite d'une faute d'impression.

un homme bien connu pour le zèle qu'il met à *conserver* les bibliothèques. » On assure que M. Libri se montra fort offensé de ces mots : des amis intervinrent de part et d'autre, sans que du reste il en soit résulté aucune rétractation de la part du journal.

Vers la même époque, le *Courrier français* aurait parlé dans le même sens de M. Libri ; mais il ne m'a pas été possible encore de retrouver les articles qui le concernent.

Deux articles insérés dans la *Bibliothèque de l'École des chartes*, 5e et 6e livraisons de 1847, pages 462 et 535, ont parlé dans des termes qui cherchent évidemment à faire naître le soupçon, non-seulement de la vente de livres faite l'an dernier par M. Libri, mais encore des manuscrits qu'il a livrés en Angleterre, sans en avoir jamais publié le catalogue en France. L'un de ces articles a été reproduit par le *National*.

A ces faits précis, qui viennent donner du poids aux imputations dirigées contre M. Libri, je dois ajouter divers renseignements que j'ai recueillis, en novembre et décembre derniers, auprès de MM. Carteron, commis d'ordre aux Archives du royaume, et Techener fils, libraire, les deux seules personnes auxquelles je me sois adressé, entre toutes celles dont le nom m'a été donné.

Invités successivement à me faire connaître ce qu'ils pouvaient savoir au sujet de soustractions de livres qui auraient été commises dans les bibliothèques publiques, MM. Carteron et Techener m'ont spontanément parlé de M. Libri, sans que j'eusse ni prononcé son nom, ni fait aucune allusion à sa personne. Ils l'ont immédiatement signalé comme étant généralement soupçonné d'avoir commis ces soustractions. Plusieurs témoins m'ont été indiqués, notamment MM. Tripier, dont il a déjà été question ; Lacabanne, de la Bibliothèque royale ; Chauchard, du ministère de l'Instruction publique ; Scott, marchand d'estampes, rue des Petits-Augustins ; Moreau et Simonnin, *laveurs* et restaurateurs de livres et manuscrits. A Carpentras, on me désigne aussi plusieurs témoins utiles.

Il y a deux années environ, M. Libri aurait vendu, moyennant 8,000 liv. st. (200,000 fr.), au libraire Road, de Londres, une collection de manuscrits, qui seraient actuellement la propriété de lord Ashburnham.

Un ouvrage en langue française, intitulé *Histoires troyennes*, et très-précieux parce qu'il est le premier livre qui ait été imprimé en Angleterre, a été vendu 6,000 fr. par M. Libri au Musée de Londres, où il a été vu, l'an dernier, par le libraire Techener. Ainsi commence à se confirmer un des faits énoncés dans les deux dénonciations anonymes.

On rapporte que M. Libri visitant, il y a quelques années, la bibliothèque d'Auxerre, aurait annoncé au bibliothécaire l'in-

tention d'y passer la nuit pour travailler, et que ce fonction-
naire, animé de quelques appréhensions vis-à-vis de M. Libri,
se serait résolu à ne le point quitter, et l'aurait assisté, durant
toute la nuit, dans ses recherches.

Suivant le libraire Techener, il serait plusieurs fois arrivé,
au cours de la vente faite par M. Libri, en juillet dernier, que
certaines personnes auraient parlé tout haut de marques et de
cachets qui semblaient avoir été enlevés sur plusieurs des livres
mis aux enchères. Si ce fait est exact, on s'expliquerait d'au-
tant mieux que la seconde dénonciation portée contre M. Libri
soit survenue pendant que cette vente avait lieu.

Enfin, dans une de leurs dernières livraisons, les rédacteurs
de la Bibliothèque de l'École des chartres ont annoncé qu'ils
avaient l'espoir de se procurer, en Angleterre, la notice com-
plète des manuscrits vendus par M. Libri. Dans ce cas, leur
but serait apparemment de rendre ce catalogue public en France,
et d'appeler ainsi contre M. Libri les réclamations des villes
qui y trouveraient la trace de manuscrits ayant appartenu à
leurs bibliothèques.

Tels ont été, Monsieur le Garde des sceaux, les résultats de
mes recherches : mon devoir me les commandait, et je ne
puis même m'empêcher de remarquer que peut-être, si elles
n'eussent pas été aussi réservées et aussi timides, ces recherches, commencées depuis deux années, auraient accru plus vite
et plus sûrement la somme des présomptions qui se sont pro-
duites. Peut-être, d'un autre côté, une hésitation moindre à
vérifier certains faits, et surtout des explications demandées à
M. Libri lui-même (que je n'ai pas voulu interpeller), eussent-
elles, au contraire, fait disparaître les soupçons dirigés contre
lui. Toujours est-il certain que, depuis plusieurs années, des
livres rares des manuscrits précieux ont disparu des bibliothèques de Poitiers, de Troyes, de Carpentras surtout, là où l'an-
cien bibliothécaire semble avoir toléré et facilité ces détourne-
ments, soit par faiblesse, soit par une complaisance coupable,
et, à moins que M. Libri, venant à savoir la vérification que
j'ai récemment faite du procès-verbal de la vente de sa bibliothèque, ne veuille spontanément faire connaître l'origine des
livres dont j'ai particulièrement cherché à suivre les traces, à
moins que la lumière ne se fasse par ses soins, des présomptions graves signaleront désormais ces ouvrages comme ayant
appartenu à la bibliothèque de Carpentras.

Assurément Monsieur le Garde des sceaux, dans les circonstances ordinaires et vis-à-vis d'une personne qui n'occuperait
ni dans l'Université, ni à l'Institut, la position de M. Libri,
les indices déjà signalés pourraient suffire pour motiver dès à
présent des poursuites criminelles. En effet, la jurisprudence de
la Cour de cassation a toujours considéré comme un crime les

soustractions de livres commises dans les bibliothèques publiques. Ce crime s'aggraverait ici, en raison du caractère dont
était revêtu M. Libri, par suite d'une mission spéciale du gou-
vernement.

J'attendrai maintenant les instructions de votre Excellence.
Je suis, etc., etc.,

Le Procureur du roi, BOUCLY.

PROCÈS
INTENTÉ PAR M. LIBRI

CONTRE LES GÉRANTS

du MONITEUR UNIVERSEL et du NATIONAL.

TRIBUNAL CIVIL DE LA SEINE (1re chambre).

Présidence de M. Debelleyme.

Audience du 22 août 1848.

M. LIBRI, MEMBRE DE L'INSTITUT ET PROFESSEUR DE MATHÉMA-
TIQUES A LA SORBONNE, CONTRE LES GÉRANTS DU *Moniteur*
ET DU *National*. — PUBLICATION D'UN RAPPORT DE M. BOUCLY
SUR DES VOLS DE LIVRES. — DEMANDE EN DOMMAGES-
INTÉRÊTS.

Les journaux ont souvent retenti des accusations dirigées
contre M. Libri, membre de l'Institut, à raison de détourne-
ments considérables de livres qu'on lui imputait.

Le 19 mars 1848, le *Moniteur universel* publia un rapport
de M. Boucly, procureur du roi de Paris avant les événements
de février, et adressé à M. le Garde des sceaux Hébert. Le
Moniteur donnait ce document comme ayant été *trouvé* dans
les cartons du ministère des Affaires étrangères.

Le procureur de la République de Paris requit une instruction, qui fut commencée et qui dure encore.

A l'étranger, M. Libri a publié plusieurs volumes de justifi-
cation, des lettres, des pièces, des notes, des renseignements, à
l'aide desquels il repoussait ces accusations comme odieuses et
calomnieuses.

Indépendamment de ces publications, M. Libri s'est adressé
à la justice, et il réclame devant la justice civile des dommages-
intérêts à raison de la publication faite par le *Moniteur*.

Voici le texte de l'assignation qu'il a fait donner à M. Panckoucke :

« A la requête de M. Guillaume Libri, membre de l'Institut,
professeur à la Faculté, demeurant à Paris, à la Sorbonne,

« J'ai, etc.;

« Donné assignation à M. Panckoucke, gérant du journal

intitulé *le Moniteur universel,* demeurant à Paris rue des
Poitevins,

« A comparaître, etc.;

« Pour, attendu que, le 19 mars 1848, *le Moniteur universel,*
journal officiel de la République Française, a publié un article
commençant par ces mots : « Rapport adressé à M. le Garde
« des sceaux Hébert, par M. le procureur du roi Boucly. —
« Paris, 4 février 1848. Monsieur le Garde des sceaux, Votre
« Excellence a eu connaissance, etc...» et finissant par ceux-ci :
« J'attendrai maintenant les instructions de Votre Excellence; »

« Attendu que le document ainsi publié n'a pu être commu-
niqué au *Moniteur* que par suite d'une infidélité, car il consti-
tuait une pièce confidentielle adressée par un officier du parquet
au Ministre son supérieur, et confié par celui-ci à son collègue
le Ministre des Affaires étrangères;

« Que d'ailleurs, M. de Lamartine, qui était en possession
du ministère des Affaires étrangères au jour de cette publication, a protesté contre cette infidélité, notamment par une
note insérée au *Moniteur* et par un passage de son *Histoire de
la Révolution;*

« Que M. Guizot, auquel, en sa qualité de Ministre des Affaires étrangères, avait été remis ce document, a aussi ex-
primé son indignation de l'abus qui en a été fait;

« Attendu que la publication du document susénoncé prouve
un esprit de malveillance et de dénigrement contre les requérant, et l'intention évidente de nuire à sa fortune, à son
honneur et à sa personne;

« Attendu que cette publication constitue le délit de diffa-
mation prévu et puni par les articles 13 et 18 de la loi du 17
mai 1819, et le quasi-délit prévu par l'article 1382 du Code civil;

« Qu'elle a causé au requérant un préjudice considérable en
altérant à son égard, par des allégations mensongères et des
accusations calomnieuses, l'opinion publique, sans laquelle
ne saurait vivre un homme dans sa position, professeur, écri-
vain, membre de plusieurs sociétés savantes;

« Attendu que les poursuites judiciaires, commencées immédiatement après la publication par le *Moniteur,* ont placé
le requérant dans l'impossibilité d'user du bénéfice de la loi
en citant le gérant de ce journal devant les tribunaux crimi-
nels dans le délai de six mois fixé pour la prescription;

« Attendu que le requérant s'était proposé de ne commencer
les poursuites contre les calomniateurs qu'après l'instruction
qui devra nécessairement proclamer son innocence et faire connaître les odieuses manœuvres de ses calomniateurs;

« Mais que, cette instruction s'étant indéfiniment prolon-
gée, le requérant a lieu de craindre que la solution n'en soit
encore longtemps retardée par les mêmes obstacles;

« Que, dès lors, le requérant, en attaquant directement les instruments de la persécution dont il est victime, vient protester à la fois contre l'accusation infâme qu'on fait peser sur lui depuis dix-huit mois, contre les lenteurs d'une procédure qui ne pourra jamais aboutir à une mise en accusation, enfin contre ce qu'il y a eu de criminel dans cette publication frauduleuse, par le journal accrédité comme officiel, d'un document fondé sur des dénonciations anonymes et calomnieuses, et sur des renseignements erronés, destiné d'ailleurs à demeurer confidentiel;

« Par ces motifs,

« S'entendre ledit sieur Panckoucke, en sa qualité de gérant du *Moniteur universel*, condamner à payer au requérant les dommages-intérêts qui seront fixée par état;

« Voir ordonner l'insertion du jugement à intervenir dans le plus prochain numéro du *Moniteur* qui suivra la signification dudit jugement et dans vingt journaux de la France et de l'étranger, au choix du requérant et aux frais dudit sieur Panckoucke;

« Voir ordonner que le prix desdites insertions sera recouvré contre M. Panckoucke à titre de dommages-intérêts;

« Voir ordonner l'exécution du jugement par toutes les voies de droits et même par corps;

« Et le voir condamner aux dépens. »

Le *National* avait publié le 5 avril 1848, un article dans lequel il annonçait « que M. Libri avait été condamné en Italie à deux ans de prison pour vols de livres dans les bibliothèques (1). » Le gérant de ce journal a été attaqué aussi devant la 1re chambre, en même temps que M. Panckoucke.

A l'audience de ce jour, Me Chaix-d'Est-Ange s'est présenté pour soutenir les deux assignations, et il a requis défaut contre M. Panckoucke, qui ne se présentait pas, et contre le gérant du *National*.

« Depuis dix-huit mois bientôt, a-t-il dit, M. Libri est soumis à une instruction criminelle qui a été provoquée par la publication dont nous nous plaignons. C'est dans le numéro du *Moniteur* du 19 mars 1848 que le document qui sert de base à cette instruction a paru. Cette instruction qui dure encore, nous paraît bien longue. Enfin elle finira.... peut-être; mais M. Libri, désespéré de ces lenteurs, s'est décidé à assigner le

(1) Voici cet article que le *National* cite comme étant publié d'abord dans le journal *le Commerce :*

« On assure que le sieur Libri, qui a commis dans nos bibliothèques des vols si audacieux, avait été condamné autrefois en Italie à deux ans de prison pour des actes du même genre. C'est à la suite de cette condamnation qu'il est venu en France, où il s'est fait passer pour réfugié politique. »

gérant propriétaire du *Moniteur*, afin d'engager un débat public devant la justice et détruire les calomnies odieuses dont il est victime. Il a assigné aussi le gérant du journal *le National*....

Me Guidou, avoué : Je suis fâché d'interrompre Me Chaix-d'Est-Ange; je prie le Tribunal de me donner acte de ma constitution pour M. Panckoucke.

M. le Président : Le Tribunal donne acte à Me Guidou de sa constitution, donne défaut contre le gérant du *National*, et, pour les profits, remet l'affaire après vacations.

M. Sallé, substitut du procureur de la République : L'instruction sera terminée à cette époque, et l'ordonnance de la chambre du conseil pourra être rendue.

Me Chaix : Il faut bien l'espérer.

Le Jardin des roses de la vallée des larmes, traduit du latin par J. CHENU. *Paris*, 1850, pet. in-12 de 72 pages, *tiré à* **110** *exemplaires.*

PRIX : 1 exemplaire sur peau de vélin, » fr. — 2 exempl. sur papier de Chine, 15 fr. — 2 exempl. sur papier vélin lilas, 15 fr. — 5 exempl. sur papier vélin vert, 10 fr. — 100 exempl. sur papier de Hollande, 5 fr.

Ce charmant volume, dont il ne reste qu'un très-petit nombre d'exemplaires, est une imitation parfaite des éditions publiées par les Elzevirs et offre un recueil très-varié de têtes de pages, lettres grises et culs-de-lampe employés par ces célèbres typographes. C'est un bijou à ajouter à toute collection elzevirienne.

Les Œuvres et les Jours d'Hésiode, trad. par le même. *Paris*, 1844, pet. in-12 elzev., papier de Holl. (*tirage à* **100** *ex.* Prix...... 5 fr.

La première leçon des matines ordinaires du grand abbé des conardz de Rouen, souuerain monarcque de lordre : contre la response faicte par vng corneur à lapologie dudict abbé. *Paris*, 1848, pet. in-12 elzevirien. Prix... 10 fr.

Charmante brochure de 12 pages d'impression, avec les têtes de pages, lettres grises et culs-de-lampe des éditions elzeviriennes, tirée à 18 exemplaires.

Le Cochon mitré, dialogue. *Paris*, 1850, pet. in-12 elzevirien, *tiré à* **110** *exemplaires.*

PRIX : 1 exempl. sur peau de vélin, » fr. — 4 exempl. sur papier de Chine, 10 fr. — 5 exempl. sur papier vélin rose, 8 fr. — 100 exempl. sur papier de Hollande, 3 fr. 60 c.

Cette réimpression, imitation parfaite des éditions elzeviriennes dont elle reproduit les ornements, est précédée d'une dissertation de M. Leber sur l'auteur du *Cochon mitré.*

Éléments de l'Univers : Mouvement et situation des corps célestes ; Phénomènes qui se forment ou qui apparaissent dans l'air; Aspect naturel de la Terre; Description des eaux; Structure et composition du Globe : — *Mosaïque* recueillie par A. LUCAS. — Un vol. grand in-18. Prix.. 2 fr.

Tableau synchronique de la vie et des ouvrages de M. T. Cicéron; par A. LUCAS. 56 pages in-8° à 2 colonnes, caractères microscopiques. Prix.. 2 fr.

Rapport de M. Boucly, suivi du procès intenté par M. Libri contre les gérants du *Moniteur universel* et du *National. Paris*, 1850, piqûre in-8° *tirée* à 200 *ex.* Prix... 1 fr.

Bibliothèque de M. Guill. Libri; — Archives et Bibliothèques de France; par M. le baron de Reiffenberg (Extrait du *Bulletin du Bibliophile belge*). 4 pages in-8° *tirées à* 200 *ex.* Prix........................... 30 c.

Observations du Conservatoire de la Bibliothèque nationale au Ministre de l'Instruction publique, sur une brochure de M. Jubinal, relative à un autographe de Montaigne; avec une Réponse de M. Paulin Paris. *Paris*, 1850, piqûre in-8° *tirée à* 200 *ex.* Prix............ 75 c.

Réponse de M. Ach. Jubinal aux Observations du Conservatoire de la Bibliothèque nat. *Paris*, 1850, piqûre in-8° *tirée à* 300 *ex.* Prix..... 60 c.

Lettre de M. Libri à M. le ministre de la justice, suivie d'une Lettre du même à M. F***, *Paris*, 1850, piqûre in-8° *tirée à* 200 *ex.* Prix.. 90 c.

Acte d'accusation contre Libri-Carrucci. *Paris*, 1850, brochure in-8° *tirée à* 200 *ex.* Prix................................. 2 fr. 50 c.

Affaire Libri (Arrêts et Ordonnance relatifs à l'). 4 pages in-8° *tirées* à 200 *ex.* Prix.. 30 c.

PARIS. — TYPOGRAPHIE PANCKOUCKE, RUE DES POITEVINS, 8 ET 14.